스물여섯 단어로 배우는 흥미진진한 해양 이야기 　키즈 유니버시티
KIDS UNIVERSITY

"ABCs OF OCEANOGRAPHY"

해양학의 ABC

크리스 페리·카테리나 페트로우 지음 | 정회성 옮김

Algae
조류

조류는 광합성을 하는 수생 생물이에요.

바다에 사는 조류를 해조류라고 해요. 해조류는 지구 대기에 있는 산소의 거의 절반을 만들어 내는 아주 중요한 생물이에요. 해조류는 현미경을 써야 볼 수 있는 아주 작은 단세포 조류부터 고래만큼 큰 다시마에 이르기까지 크기가 아주 다양해요. 조류는 햇빛을 받아야 해요. 그래서 햇빛이 닿을 수 있는 얕은 물이나 해수면 근처에서 산답니다.

Beach Rock
해변암

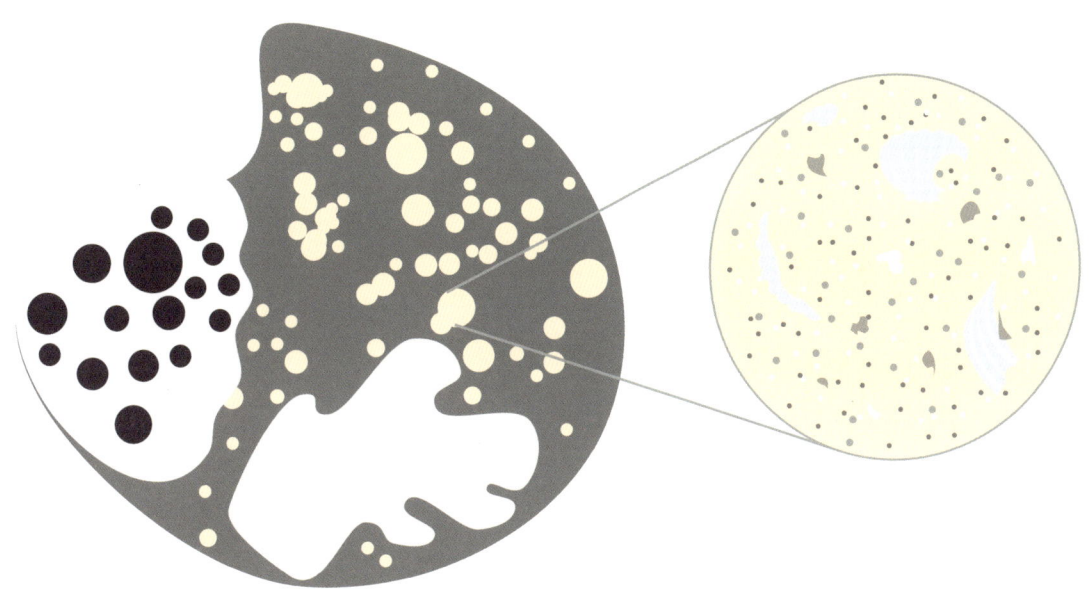

해변암은 바닷가에서 만들어진 바위를 말해요.

해변암은 탄산염 광물이 자갈, 모래, 조개껍데기를 한데 달라붙게 해서 만들어져요. 해변암은 해변이나 낮은 지대의 섬이 비, 바람, 파도에 깎여 나가는 걸 막아 줘요. 이렇게 자연 현상이 지표를 깎는 걸 '침식'이라고 해요. 해변암은 울퉁불퉁하고 구멍이 많아, 다양한 미생물이 표면과 구멍 속에서 살 수 있답니다. 이 미생물들이 해변암의 구조를 만들고, 해변암을 살아 있는 바위로 만들어 주지요.

Current
해류

해류는 바닷물의 거대한 흐름이에요.

해류의 방향과 움직임은 바람, 지구의 자전, 바닷물의 온도와 염분의 차이로 만들어져요. 난류(따뜻한 해류)와 한류(차가운 해류)는 바닷물을 순환하면서 지구의 기후를 조절한답니다.

Dolphin
돌고래

돌고래는 바다와 강에서 사는 포유동물이에요.

돌고래는 민첩하고 총명하며 장난기 많은 동물이에요. 무리를 지어 다니며 사회적 집단 생활을 한답니다. 과학자들은 이 돌고래 무리를 '포드(pod)'라고 불러요. 돌고래는 공기를 들이마셔서 숨을 쉬기 때문에 규칙적으로 바닷물 위로 올라와야 해요. 돌고래 가운데 가장 큰 종은 범고래예요. 다 자라면 시내버스 크기만큼 커진답니다!

Euphotic zone
유광층

유광층은 햇빛을 받을 수 있는 한계까지의 바닷물 층을 일컬어요.

맑은 바닷물에서는 표면에서 바닷속 약 200미터 깊이까지 햇빛이 들어와요. 햇빛은 해수면에 닿아 바닷속으로 내려가면서 빨간색, 주황색, 노란색, 녹색 순으로 흡수돼요. 파란색은 가장 깊은 곳까지 흡수되지 않고 들어갈 수 있어요. 그래서 바닷물이 파랗게 보이는 거랍니다.

Fins
지느러미

지느러미는 해양 생물이 물속에서 추진력을 얻고 방향을 틀도록 도와주는 기관이에요.

지느러미는 쓰임새마다 모양과 크기가 달라요. 날치는 물 위로 뛰어 날아오르기 위해 날개 모양의 크고 아름다운 가슴지느러미를 지니고 있어요. 환도상어는 기다란 꼬리지느러미를 사용해서 작은 물고기를 때려잡지요. 물고기는 모든 육상 동물의 조상이에요. 육상 동물의 팔과 다리는 육지에 올라온 물고기의 지느러미가 진화한 것이랍니다!

Gyre
환류

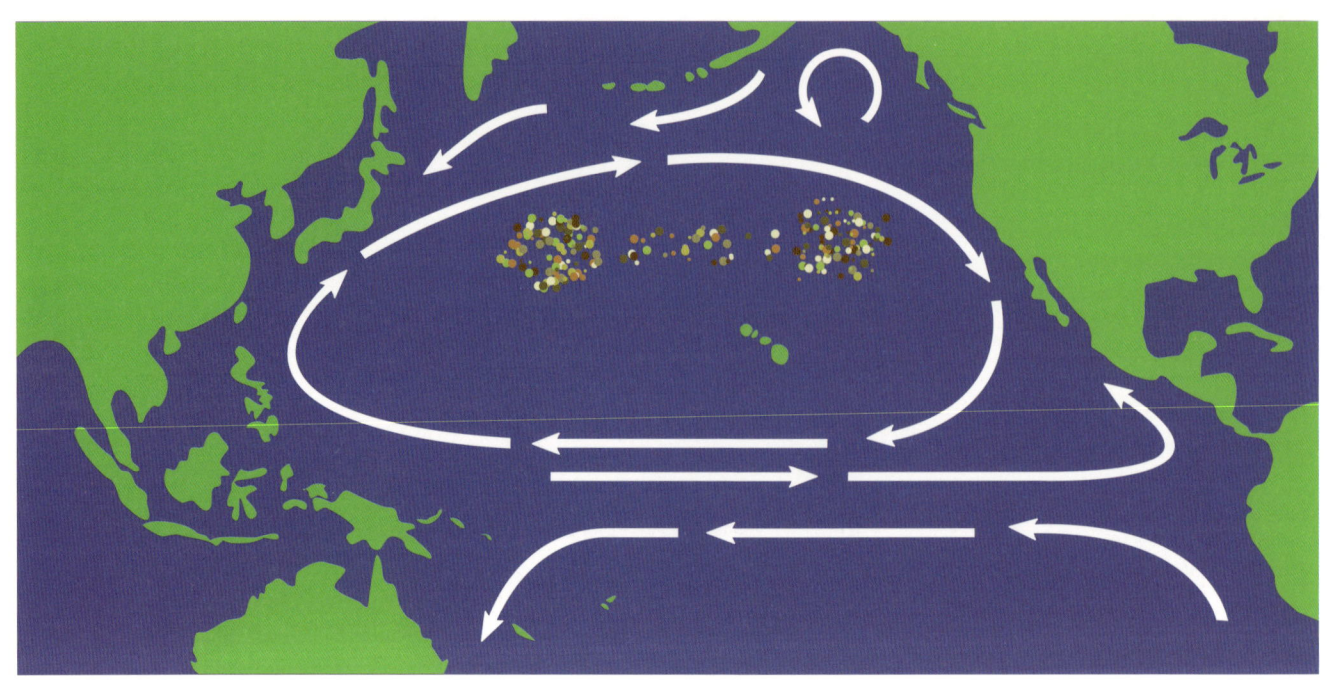

환류는 대륙이나 섬에 부딪혀 회전하는 거대한 해류예요.

세계에는 남반구에 세 개, 북반구에 두 개, 이렇게 다섯 개의 큰 환류가 있어요. 환류는 바닷물의 거대한 순환 운동을 만들어요. 태평양 환류에는 사람들이 버린 8만 7000톤이 넘는 플라스틱 쓰레기가 소용돌이치는 '거대한 쓰레기 섬'이 있어요.

Hadal Zone
하데스 영역

하데스 영역은 바다의 가장 깊은 곳이에요.

하데스 영역은 수심 6킬로미터에서 11킬로미터에 이르는 아주 깊은 바다를 일컬어요. 너무 어둡고 추운 곳이어서 그리스 신화에 나오는 죽음의 신 하데스의 이름을 붙였지요. 이곳에 사는 많은 심해 생물들은 스스로 빛을 내는데, 이를 생물 발광이라고 해요. 예를 들어 샛비늘치는 피부에서 빛을 내고, 아귀는 먹이를 유인하기 위해 머리에 달린 낚싯줄에 빛을 내는 기관을 매달고 있어요. 전구처럼요!

Island
섬

섬은 물에 둘러싸인 땅이에요.

섬은 대부분 바위와 모래로 이루어지지만, 산호초로 이루어진 섬도 있어요. 육지와 멀리 떨어진 섬은 고립된 생태계이기 때문에 과학자들이 생물의 진화를 밝히는 데 중요한 역할을 했어요. 찰스 다윈은 진화론을 연구하면서 태평양 동부에 있는 갈라파고스 제도의 핀치새를 중요한 증거로 삼았답니다.

Jellyfish
해파리

해파리는 몸이 부드러운 무척추동물로 긴 촉수에 독을 쏘는 세포를 지녔어요.

해파리는 공룡보다 훨씬 오래전부터 지구상에 살았던 고대 생물이에요. 해파리는 뇌, 뼈, 심장, 눈이 없어요. 하지만 입에서 물을 내뿜어 움직일 수 있지요. 반투명한 해파리가 있는가 하면, 밝은색을 띠는 해파리도 있어요. 또 스스로 빛을 내는 생물 발광을 하는 해파리도 있답니다.

Krill
크릴새우

크릴새우는 전 세계의 바다에 서식하는 자그마한 갑각류예요.

크릴새우는 해조류를 먹어요. 그래서 크릴새우의 반투명 몸이 녹색을 띠는 모습을 종종 볼 수 있답니다. 크릴새우는 길이가 몇 센티미터에 지나지 않을 정도로 아주 작지만, 어마어마하게 큰 무리를 이루고 있어요. 그 때문에 우주에서 지구를 볼 때 넓은 바다가 분홍색으로 물든 것을 볼 수 있지요. 크릴은 미세 플라스틱을 소화할 수 있어서 바다의 플라스틱 쓰레기를 분해하는 데 도움을 줘요.

Larvae
애벌레

애벌레는 생물이 알에서 태어난 뒤
아직 다 자라지 않은 상태를 일컬어요.

많은 해양 동물이 알에서 태어나 애벌레 단계를 거쳐 성체(다 자란 상태)가 돼요. 애벌레는 성체가 되는 과정에서 모습, 행동, 먹이가 달라지는데, 이 과정을 변태라고 해요. 많은 해양 동물은 애벌레 단계에서 해류를 따라 이동해 새로운 곳에 정착해요.

Mooring
무어링

무어링은 바다 위에 떠서 해양과 관련된 정보를 수집하는 커다란 관측소예요.

무어링은 파도에 떠내려가지 않도록 바다 밑바닥에 케이블로 고정되어 있어요. 오랜 기간에 걸쳐 바다의 여러 정보를 수집하지요. 과학자들은 무어링을 사용해서 해류, 파도 높이, 풍속, 바닷물의 온도 등에 대한 정보를 수집해요. 이런 정보는 바다가 어떻게 변화할지 예측하고, 바다에 대한 지식을 쌓는 데 도움이 된답니다.

Nekton
유영 동물

유영 동물은 물고기처럼 물에서 자유롭게 헤엄쳐 다니는 동물을 일컬어요.

유영 동물은 뛰어난 수영 선수예요. 대부분은 어류지만, 포유류나 오징어, 파충류 가운데도 유영 동물이 있어요. 가장 작은 유영 동물은 위아래로 수영하는 크릴새우이고, 가장 큰 유영 동물은 흰긴수염고래예요. 이 고래는 지구에 사는 모든 생물 가운데 가장 크답니다!

Octopus
문어

문어는 다리가 여덟 개인 똑똑한 연체동물이에요.

문어는 커다란 두뇌와 잘 발달된 감각 기관을 가지고 있어요. 그런 만큼 바다에서 손꼽는 똑똑한 생물 가운데 하나랍니다. 문어는 복잡한 미로를 빠져나오고, 병뚜껑을 돌려 열고, 심지어 스위치를 눌러 전등을 끌 수도 있어요! 문어는 위협을 느끼면 먹물을 풀어 놓고 도망쳐요. 마치 마술사가 연기 속으로 사라지는 것처럼요.

Phytoplankton
식물성 플랑크톤

식물성 플랑크톤은 아주 작은 해조류예요.

식물성 플랑크톤은 해양 먹이 사슬의 맨 아래에 있어요. 식물성 플랑크톤은 아주 작아서 현미경을 사용해야만 볼 수 있지만, 그 수가 굉장히 많아서 바다의 색깔을 바꿀 수 있을 정도랍니다. 예를 들어 붉은 해조류가 많아져 바다를 빨간색으로 물들일 때가 있는데, 이를 적조 현상이라고 해요. 또 분필 가루를 뿌린 것처럼 바다를 뿌옇게 물들이는 해조류도 있어요.

Quahog
쿼호그

쿼호그는 딱딱한 껍질을 가진 조개의 한 종류예요.

쿼호그는 북아메리카 동부 해안의 모래 또는 갯벌에 서식해요. 쿼호그는 평균 수명이 225년이나 될 만큼 아주 오래 살아요. 껍데기에 있는 고리처럼 생긴 선을 세면 나이를 알 수 있어요. 지금까지 발견된 가장 오래된 쿼호그는 405살이었답니다!

Reef
산호초

산호초는 산호로 만들어진 수중 도시예요.

산호초는 전 세계의 열대 지역에서 발견돼요. 지구상에 존재하는 해양 생물 종의 4분의 1이 산호초에 살고 있답니다. 세계에서 가장 큰 산호초는 오스트레일리아 동쪽 해안을 따라 퍼져 있는 그레이트배리어리프예요. 산호초가 지구에 나타난 지는 4억 8000만 년도 넘어요. 그런데 이런 산호초들이 기후 변화로 서식지를 위협받고 있답니다.

Shark
상어

상어는 세계의 모든 바다에서 발견되는 포식성 어류예요.

지구상에는 500종이 넘는 상어가 있어요. 이들은 모습도 크기도 제각각이에요. 상어는 주둥이에 달린 감각 기관을 이용해 다른 동물이 내는 전자기장을 감지할 수 있어요. 이 기관을 사용해서 먹이를 찾지요. 또 후각이 발달되어 캄캄한 물속에서도 헤엄을 잘 친답니다.

Tides
조수

만조	간조

조수는 바닷물이 높아졌다 낮아졌다 하는 현상이에요.

조수는 지구·태양·달 사이에 힘이 작용해서 일어나요. 이 힘을 조석력이라고 하는데, 조석력은 지구의 물이 달에서 가까운 곳과 먼 곳에서 부풀어 오르게 해요. 중력이 끌어당기는 힘은 가까울수록 커지고, 멀어질수록 작아지거든요. 이렇게 솟아오른 두 부분을 '만조'라고 하고, 반대로 낮아진 두 부분을 '간조'라고 한답니다.

Urchin
성게

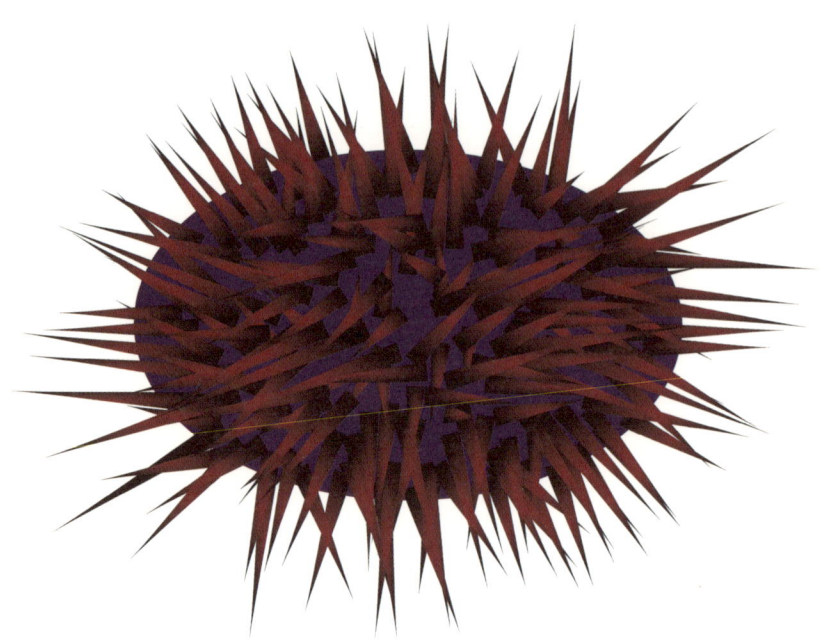

성게는 가시가 있는 공 모양의 동물이에요.

성게는 어릴 때는 작은 플랑크톤 애벌레였다가 자라면 둥근 몸에 가시가 달린 모습으로 변해요. 가시와 대롱처럼 생긴 관족을 사용해 바다 밑바닥을 기어다니면서 해조류를 뜯어 먹는답니다. 성게는 수심이 얕은 조간대의 암석 지대부터 깊은 바다에 이르기까지 바다의 모든 곳에서 발견돼요. 성게는 가시로 자신을 보호하지만, 바닷가재나 게, 해달 등은 성게를 잡아먹을 수 있답니다.

Volcano
화산

화산은 지구의 지각에 생긴 균열이에요.

화산은 지표면 아래 있는 용암, 가스, 화산재를 지각에 난 틈을 통해 밖으로 내뿜어요. 이때 화산의 온도는 아주 뜨거워서, 섭씨 1000도를 넘기도 해요. 바닷속에 있는 해저 화산은 육지 화산과 달라요. 해저 화산이 폭발하면 분출물이 바닷물과 섞이면서 거대한 증기 폭발을 일으켜요. 그리고 바닷물 때문에 용암이 육지에서보다 빨리 식어서 돌 조각과 모래로 부서지지요.

Water
물

물은 산소 원자 한 개와 수소 원자 두 개로 이루어진 분자예요.

물은 지구 표면의 71퍼센트를 덮고 있어요. 또 물은 모든 생명체의 세포에도 들어 있답니다. 우리가 마시는 물과 달리 바닷물에서는 짠맛이 나요. 반면에 빗물, 강물, 호숫물에는 소금이 거의 들어 있지 않지요. 이것이 바다에 사는 생물과 내륙에 사는 생물이 크게 다른 이유 가운데 하나랍니다.

Xenaploactis
제나플로악티스

제나플로악티스는 가시가 많은 열대어예요.

이 물고기는 주로 태국과 파푸아뉴기니 주변의 바다에 서식해요. 몸 전체에 뾰족한 등지느러미가 있고, 머리에 붙어 있는 지느러미는 왕관처럼 생겼답니다.

Yolk
노른자

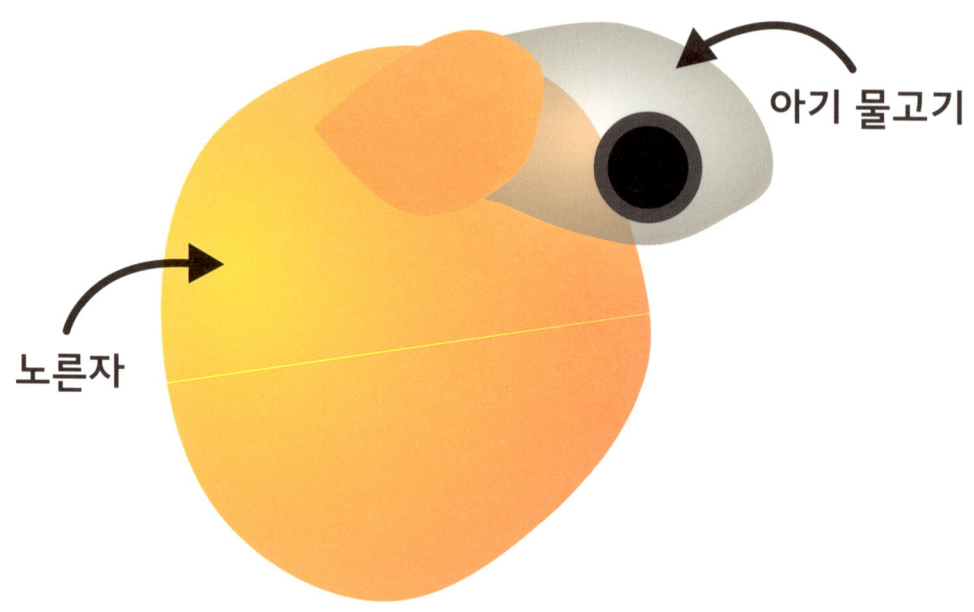

아기 물고기

노른자

노른자는 물고기의 알에도 있어요.

노른자는 알의 영양소 부분이에요. 많은 어종과 동물성 플랑크톤은 아기 시절에 바다를 떠돌아다니는데, 이때 노른자 주머니에서 영양분을 받아요. 과학자들은 이렇게 노른자에 의존하는 새끼를 '노른자를 먹는다'는 뜻의 레시토트로픽(lecithotrophic)이라고 불러요.

Zooplankton
동물성 플랑크톤

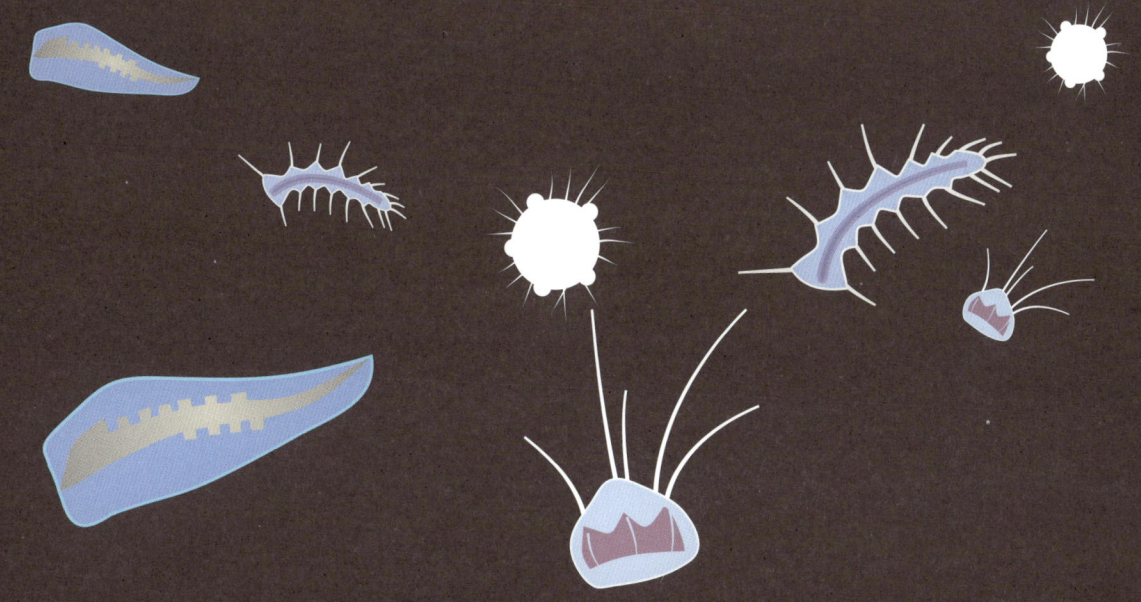

동물성 플랑크톤은 해류를 타고 떠다니는 작은 동물이에요.

동물성 플랑크톤은 지구상에서 손에 꼽을 만큼 하루에 아주 먼 거리를 이동해요. 낮에는 자기들을 잡아먹으려는 포식자를 피하기 위해 깊은 바다로 잠수하고, 밤에는 식물성 플랑크톤을 잡아먹기 위해 수면으로 올라오지요. 동물성 플랑크톤의 크기는 1센티미터도 안 되는 작은 극피동물부터 너비가 몇 미터나 되는 커다란 해파리까지 아주 다양해요.

해양학의 ABC

초판 1쇄 발행 2023년 11월 23일

지은이 크리스 페리·카테리나 페트로우　**옮긴이** 정회성
펴낸이 김현태　**펴낸곳** 책세상어린이　**등록** 2021년 1월 22일 제2021-000032호
주소 서울시 마포구 잔다리로 62-1, 3층(04031)　**전화** 02-704-1251　**팩스** 02-719-1258
이메일 editor@chaeksesang.com　**광고·제휴 문의** creator@chaeksesang.com
홈페이지 chaeksesang.com　**페이스북** /chaeksesang　**트위터** @chaeksesang
인스타그램 @chaeksesang　**네이버포스트** bkworldpub

ISBN 979-11-5931-996-9 74080
ISBN 979-11-5931-969-3 (세트)

잘못되거나 파손된 책은 구입하신 서점에서 교환해 드립니다.
책값은 뒤표지에 있습니다.
책세상어린이는 도서출판 책세상의 아동·청소년 브랜드입니다.
전 연령의 어린이에게 적합한 도서입니다. Printed in Korea

All rights reserved
including the right of reproduction in whole or in part in any form.
This edition published by arrangement with Sourcebooks, LLC.
This Korean translation published by arrangement with
Chris Ferrie in care of Sourcebooks, LLC through Alex Lee Agency ALA.

이 책의 한국어판 저작권은 알렉스리에이전시 ALA를 통해 Sourcebooks, LLC사와 독점 계약한 책세상에 있습니다.
저작권법에 의해 한국 내에서 보호를 받는 저작물이므로 무단 전재와 복제를 금합니다.